कंकावती

कंकावती

राजकमल चौधरी

वाणी प्रकाशन

वाणी प्रकाशन का 'लोगो'
विख्यात चित्रकार मक़बूल फ़िदा हुसेन की
कूची से

ISBN : 81-7055-571-X

वाणी प्रकाशन
21-ए, दरियागंज, नयी दिल्ली-110002
द्वारा प्रकाशित

फोन : 0091#11#23273167, 23275710
फैक्स : 0091#11#23275710
ई-मेल : vaniprakashan@gmail.com
vani_prakashan@yahoo.com
वेबसाइट : www.vaniprakashan.com
प्रथम (वाणी) संस्करण : 1988
द्वितीय आवृत्ति संस्करण : 2009

जय भारत प्रिंटिंग प्रेस, शाहदरा, दिल्ली-110032
द्वारा मुद्रित

मूल्य : 50.00

KANKAVATI (Poems)
by : Rajkamal Chaudhari

मई 31 (मंजू का जन्म दिवस) को शिवचन्द्र भाई और उषा भाभी के लिए

कंकावती 1964

कौन है यह कंकावती ? पुराणों के अनुसार सम्राट कंस की भगिनी, मथुरापति उग्रसेन की कन्या, वासुदेव-भ्राता हरि की पत्नी। महाभारत में कंकावती ब्राह्मण-छद्मवेशधारी युधिष्ठिर (कंक) की स्वामिनी द्रौपदी है, जिसके पाँच पति हुए, और एक श्रीकृष्ण। कुरुक्षेत्रयुद्ध की नायिका कंकावती ही हो सकती थी।

शब्द-कोश के आधार से यमराज-संगिनी को, नर्त्तकियों के पायल-पाजेब को, मत्स्यलोभी मादा बगुले को, अदग्धा ललिता का अभिनय करती हुई रस-सिद्धा विलासिनी, और कुमुदिनी की सुगन्धि-ज्वाला को कंका कहते हैं। अरब-सागर से प्रवाहित एक काली, हर-जाई नदी का भी नाम है —कंकावती।

कंकावती (जो मेरे इस शहर, पटना में जनवरी से मई 1964 तक मेरी बनकर रही है) में ये सारे कोशगत-शास्त्रगत रूप, संदर्भ, गुण, अर्थ समग्र रूप से उप-स्थित हुए हैं।

कंका से विवेकहीन घृणा, आसक्ति, हिंसा, संभोग, ईर्ष्या, क्षमा, विरति, हिंसा, संभोग, आक्रमण, घृणा, ईर्ष्या, पशुत्व, संभोग करते हुए मैंने प्रतिक्षण, अपने अहं और अपने अस्तित्व को प्रमाणित किया है। प्रमाण मेरे पास कंकावती 1964 के अतिरिक्त और कुछ नहीं है।

इस कृति के अधिकांश अनुभव और प्रभाव आत्मस्वीकृतियाँ (केवल 'कन-फेशन' नहीं, 'रिअलिजेशन' भी) है।

'अनुभव (या प्रभाव) प्रयोगों के द्वारा प्राप्त नहीं किये जा सकते'—आलबेर कामू के कथन से सहमत होकर भी मैंने अपनी कंकावती के साथ रति—पीड़ा, वंचना, प्रभुता, और पशुता के जटिल-तम प्रयोग किये हैं।

इनकी प्रतिक्रियाओं को मैंने निर्मम होकर विकट एकान्त में, वीभत्स सह-वास में भोगने और भोग करने की सहज-सरल क्षमता भी प्राप्त की है। मेरे जीने का कारण और उद्देश्य, दोनों ही, मात्र यह क्षमता है।

कलिका में संदेहित पुष्प

कलिका में संदेहित पुष्प ढूंढ़ा। नहीं पाने पर, उसका प्राण-रस पी लिया। (अलि-विलासि-संलापि : नलिन विलोचन शर्मा)।

कलिका में संदेहित पुष्प ढूंढ़ा। पा जाने पर, उसका प्राण-रस पी लिया। वैसे यह निर्णय है, कलिका में पुष्प नहीं, होता है शव—अलि का, या कलिका। गन्ध-वनवीथी में (क्या हुआ जो हमने ?) दग्ध क्षण एक जी लिया। फिर, टूट गयी पुष्प-श्वास नलिका।

समय के बीते हुए से

प्राप्त कर लेना क्षमा सहज संभव नहीं है अब। जल पर नहीं, पिघले हुए इस्पात पर पड़ती है पाँवों की छाप। रेतीले मैदान में स्काइस्क्रैपरों की कतारें उग आयी हैं। कोहरा नहीं हैं ताँबे के तारों का घना बुना हुआ इन्द्रजाल। प्राप्त कर लेना क्षमा सहज संभव नहीं है टाइपराइटर से, टेलीफोन-बूथ से। समय के बीते हुए से हम केवल घृणा माँग सकते हैं।

रिक्शे पर एक सौ रातें

गरदन के नीचे से खींच लिया हाथ। बोली,—अन्धकार हयनि (नहीं हुआ है)! सड़कों पर अब तक घर-वापसी का जुलूस। दफ्तर, दूकानें, अखबार अब तक सड़कों पर। किसी मन्दिर के खंडहर में हम रुकें? बह जाने दें चुपचाप इर्दगिर्द से समय? गरदन के नीचे से उसने खींच ली तलवार! कोई पागल घोड़े की तेज टाप बनकर आता है। प्रश्नवाचक वृक्ष बाँहों में। डालों पर लगातार लटके हुए चमगादड़। रिक्शे वाला हंसता है चार बजे सुबह—अन्धकार हयनि (नहीं हुआ है)। सिर्फ, एक सौ रातों ने हमें बताया, कि शाम को बन्द किये गये दरवाजे सुबह नहीं खुलते हैं।

शीला : आइने में

मैंने कब नहीं कहा, वह बदसूरत लड़की अपना चेहरा सुबह में भी देखती नहीं ? मैंने कब नहीं कहा, मेरे दस नाखून उसकी खुरदरी जाँघों से कालापन खरोचने लगते हैं? मैंने कब नहीं कहा, मेरे साथ उसका होना, बार-बार ऐसे ही होते रहना, काले आइने में नहीं, धुएँ के सुलगते घर में होता है ?

काल-वृक्ष जर्जर

सूखी पड़ी हैं शाखाएँ। काल-वृक्ष जर्जर। वन-मरुस्थल नहीं रह गया है हिंस्र-बर्बर। फलस्तनों में पीले छिद्र। चतुर्दिक सहस्र कीट। गाढ़े पसीने में श्लथ-लथपथ मटमैला तालाब। नहीं रह गया है घाट पर अर्जित प्रस्तर। प्रिया, वृक्ष-शाखाएँ, स्तन, कीट, काल-वृक्ष जर्जर। अवरुद्ध सर्पविवर। क्षत-विक्षत ब्रह्माण्ड में केवल निस्पन्द मानव-भ्रूण। केवल एक काल : मृत्यु-प्रहर।

लज्जावती

कद्रू ने दिशाओं के उस पार जाकर देखा, उसकी नाभि से निकले हुए सहस्र-कोटि सर्पों ने सूर्य-रथ ढंक लिया है। अदिति मुस्कुरायी अवस्त्र, समुद्र-स्नान करने चली गयी।

एक सामाजिक नाटक

मेरी गली में आना। तीन घंटों का हिन्दुस्तानी नाटक। लेखक रजनी कुमार अनुरागी। निर्देशक अल्ताफ हुसैन जंहानाबादी। रामकली। सुनन्दा कपूर। दयानाथ पुलिस-इन्सपेक्टर। डाक्टर पी० ठाकुर। कमलेश कुमारी। लालचन्द। पिल्कू। बुलबुल पहलवान। रजनी कुमार अपने केबिन से बाहर आएँ, तो सुनन्दा अपने रुपये माँग लेगी। साठ रुपये रिहर्सल-चार्ज। मंच पर जंगल पहाड़ों का ऊँचा सेट लगा है! लालचन्द इस नाटक का होरो है। जहाँनाबादी के हाथों में पान का एक गुलाम है, एक हुकुम का एक्का, और चिड़ी की एक बोबी। फ्लश पत्तों से नहीं, अकल से खेली जाती है। सस्पेन्स। पार्श्व-संगीत तेज होता है। केबिन में शीशे के ग्लास फूटते हैं।

कमलेश जंगल के सेट में पेड़ के तने पर बैठ जाती है। दयानाथ सिर झुकाये हुए पैसे गिनता रहता है। डाक्टर ठाकुर संवाद बोलता है : हम लोग आदमी नहीं हैं, ताश के पत्ते हैं। पर्दे पर रासलीला की तस्वीरें बनी हैं। रजनी कुमार केबिन से बाहर आता है। यह पर्दा नहीं चलेगा, यह ऐतिहासिक सेट नहीं। मैंने सामाजिक नाटक लिखा है, महाभारत नहीं। रामकली हँसती है। रामकली हँसतो रहती है।

कंकावती-1

नसों की पीली धारियाँ। एक प्याला रोशनी। टूटे हुए मकड़ी-जाल पर शाम की धूप। वह अपने घुटनों में सिर डालकर पी जाना चाहती है हर सुबह।

दोनों को एक ही भय

अष्टावक्र मुनि के सिर पर लटकी हुई है अब तक दैवी तलवार। राजा विदेह के चतुर्दिक लगा हुआ है अप्सरियों का दरबार।

सरस्वती-वन्दना

विलास-पद्म पर रुकी हुई शब्द प्रिया रोती है। वीणा के क्षत-विक्षत स्तन। हंस की सर्पाकृत ग्रीवा व्रण-दग्ध। अधरों पर आलेपित पैतृक प्रणय-दंश। विलाप-सागर पर रुकी हुई ध्वनिप्रिया हँसती है। रिक्त है अब भी किन्तु, मधुपात्र। बीता है अब भी नहीं, क्षण वह एकमात्र।

भाषा

भाषा अब वेश्या है। सबकी बाँहों में समायी हुई सबके ओठों पर बसी रहती है। उसके विवस्त्र अंगों में अब कोई अर्थ नहीं।

एक प्रश्न हजार उत्तर

मैंने सूरज से पूछा—धरती कब आग का गोला बन जाएगी ? मुझसे सूरज ने पूछा, —तुम बरफ - घर में सोये रहोगे कब तक ?

मो न ता ज

अभिजात-परिवार की युवती विधवा के लिए चाहिए एक प्रौढ़ा परिचारिका, जिसे याद हों सारे हिलस्टेशनों के सारे होटलों के नाम। गाँधी-मैदान में 'हॉली-डे ऑन-आइस'। सिगरेटों पर नये टैक्स नहीं लगे। एलिजाबेथ टेलर पर एक फिल्म-कम्पनी ने बीस करोड़ का दावा किया। हजार साल बाद सूरज तीन टुकड़े हो जाएगा। पत्नी अपने···पति···को जहर देकर भरी गंगा में डूब गयी—मछुओं ने उसे बचा ही लिया।

अक्ल के मसीहा

नेशनल लाइब्रेरी में किताबों की दीवार के पीछे छिपकर कोणार्क की ताजा मूर्तियाँ चूमते हैं। माइनस - नाइन - चश्मा फर्श पर गिर जाता है, अरसे तक पड़ा रहता है। मूर्तियाँ खिलखिलाती हुईं किताबों की दीवार में समा जाती हैं। अक्ल के मसीहा हाथों से टटोलते रहते हैं माइनस-नाइन।

एक कंकुबाइन के बारे में

मन्नू के लिए

व्यक्ति अपने लिए चुनता है नींद की दवाएँ। अपनी पसन्द की सिगरेट या राखदान। पीते रहना, या पीकर ग्लास तोड़ देना, अलग बात नहीं। तुमने कहा था, वह लाश है। मैंने सुना था, वह लाश है। फिर भी मैंने चुन ली थीं नींद की दवाएँ। मर्फाइन। मस्कोलिन, राखदान, सिगरेट, लाश—कंकुबाइन। तुमने बीच में खिसका दी थी, शीशे की मोटी दीवार। चेहरे दिखते थे, आवाज नहीं। आवाज हवा में लाश बनकर जमती जाती थी। सोना और रूपा थीं दो बहनें। सोना जल गयी। रूपा नहीं जली। तैरती रही आवाजों में। तुमने ही कहा था, वह लाश है।

म र सि या

तुम्हारी बेचैन मुस्कुराहटों के बैलून नीले जंगल में डूब गये। किसी छत पर नहीं उतरे, कोई नन्हीं-सी लड़की उनके धागे पकड़ नहीं पायी। केवल, तुम्हारी पुकार मांस का एक ताजा टुकड़ा बनकर सातवीं मंजिल की खिड़की से बीच चौराहे पर कूद गयी। भीड़ ने कहा,– शहर में करफ्यू है।

मिट्टी का दरपन टूट कर

यह शहर खड़ा कर लेता है। इस्पात की कलम जादूगरों की कहानियाँ लिखती है। बहादुर औरतें शॉपिंग में कठपुतलियाँ अथवा अन्तरिक्ष-यान खरीद लाती हैं। हवा अपनी दागदार देह पर खबरें छापती रहती हैं। और, हड़तालियों का जुलूस चुपके से पब्लिक-बाथरूम में घुस जाता है।

शहर—अजीमाबाद

गोलघर चावल का गोदाम था, जिसमें मुंड़ेरे से शहर मीनिएचर जंगल दीखता है। कॉफीहाउस पत्रकारों के लिए सुरक्षित। जातिवाद के खिलाफ जोरदार भाषण। कत्थक-नाच वाली लडकियों से इन्ट्रोडक्शन। सचिवालय से कूदकर रामनाथ या श्यामनाथ मर गया। लैम्प-पोस्टों की पीली रोशनी संक्रामक है। गर्भवती हो गयी हैं अस्पताल की सारी नर्सें। किसी को भी नहीं स्मरण है अपना नाम। कल आलमगंज मस्जिद में एक बम फूटा। मन्त्री-उपमन्त्री चार बजे सुबह घूमने निकलते हैं। अगम कूप से निकली है राधा-किशन की मूरत। गाँधी मैदान में सोना मना है। गंगा-नदी बहती है। गंगा-नदी बहती है। और, सात नवयुवक विधान-भवन के सामने अब तक ब्रोंज की चट्टान बने हुए खड़े हैं।

उनके आ जाने तक

यह बन्द तहखाना अपनी देह पर सहना पड़ेगा। एक अश्लील झूठ बन कर मुझे यहीं रहना पड़ेगा। अपने गाँव की नदी का नाम भूल जाना। जिसका भी पत्र बिना पढ़े, दराज में सरका देना। केवल उँगलियों से छूकर पुरानी किताबें बन्द करते रहना। सुबह के अखबार दरवाजे से झाँकते हैं, वापस लौट जाएँ। फ्रेम में टँगी हुई जापानी गुड़िया दीवार से कूदकर खुदकुशी कर ले। मगर, एक बीमार झूठ बनकर मुझे यहीं रहना होगा। खाली फूलदानों से मटमैला धुआँ निकलेगा। बन्द तहखाना अफवाहों और चूहों से भर जाएगा। मैं यहाँ नहीं हूँ,—कोई साँकल खटखटाता रहेगा, तो मुझे कहना होगा। उनके आ जाने तक— एक सुरंग निकल आएगी, मेरे गाँव से इस तहखाने तक।

रुकी हुई जिन्दगी : टेबुल

एक अदद पेपरवेट। उसने फिर लिखा है, मैं तुमको दुहराना नहीं चाहती थी। दो खाली ग्लास, एक चाय का। नीली पेन्सिल किताबों में लकीरें खींचती है। रोशनी या रोशनाई के धब्बे। खिड़कियाँ यहीं खुलती थीं। ग्लास में यहीं रक्खी जाती थीं हरी टहनियाँ। एक अदद पेपरवेट। उसने फिर लिखा है। पेन्सिल किताबों में रोशनी के धब्बे जलाती है। खिड़कियाँ बन्द हैं।

शारीरिक अनिवार्यता

मनुष्य की शारीरिक अनिवार्यताओं से अधिक वीभत्स-घृणित कार्य, स्थिति या वस्तु की कल्पना भी नहीं की जा सकती। क्रिया मुर्ग-दो प्याजा के भोजन की, अथवा पियारी बाई बहू बाजार वाली के संभोग की—इनकी वीभत्सता के परिमाण या परिणाम में (मेरे लिए) अन्तर नहीं है, न सांसारिक, न सांस्कारिक। सिन्धु की वात याद आती है : अश्रुपात किसी भी संदर्भ में गर्भपात से कम घृणित विवशता नहीं होती। (डायरी : फरवरी 13, 1964)।

अपराध-स्वीकार

मैं जो भी करता रहता हूँ—स्नेह, दया, क्षमा, उन अपराधों की आत्म-स्वीकृति है जो मैंने अब तक नहीं किये। ईर्ष्यादग्ध समय मुझे वापस करता है— (वही) दृश्य, वस्तु, व्यक्ति, जो मैंने कविता को भी नहीं दिये।

मस्कोलिन छन्द-भंग

मेरा ही शव अन्धकार की लहरों पर तैर रहा है। मेरा ही शव। अन्धकार की लहरों पर। तैर रहा है। मेरा ही शव। मेरा ही शव। मेरा ही शव। अन्धकार है। मेरा ही शव जल-सुरंग का बन्द द्वार है।

कं का व ती-2

अधखुली नींद में उसने बेड-लैम्प बुझा दिया। अपनी ही अधखुली देह बाँहों में समेटकर सो गयी। इच्छाएँ, और आतंक एक साथ उसके बिस्तरे में। वह भागकर कहाँ जाती ? फर्श पर बिछे सपनों के नीचे कोई सुरंग तो है, सीढ़ियाँ नहीं।

पिरामिड

अपने दिमाग से काम लो, अपनी अक्ल को बनाओ एक पिरामिड ! जानते नहीं, तुम धरती पर हो, और इससे टूट कर अलग हो नहीं सकते ? (सैमुएल बेकेट के नये नाटक 'एन्ड-गेम' में हैम का एक संवाद)

जहरीले तालाब में

घास-पत्तों से भरे हुए जहरीले तालाब में मछलियाँ चुनते हुए बगुले। नीचे जमी हुई कीचड़ में छटपटाता है पानी का साँप। मेरी नसों का जाल फेंकते हैं मछुए—समूचा तालाब ढंक जाता है। इस बार नशा और ही है, पागल-पन और ! मछलियाँ, बगुले और साँप सभी जाल में फँस आते हैं। तालाब का जहर मेरी नसों में असर मौत का भर देता है।

खोयी हुई एक पुरानी किताब के मिल जाने से कैसा लगता है ?

कितनी बड़ी बात है फिर से साथ हो जाना, कई लोगों के साथ हो जाना ! चौराहे पर रिक्शे का इन्तजार करते हुए। अपने घर में खालीपन को प्यार करते हुए। कितनी बड़ी बात है फिर से किसी का चुप होकर भी, कुछ कहते रहना ! टेबुल पर बेहद पास बैठ जाने से। कभी कैलेन्डर की तरफ कभी दरवाजों की तरफ तरजनी दिखाने से। ख्वाहिश से या नफरत से ओठ चूस लेना। काटते रहना ब्लेड से नाखून। पुरानी कुर्सियों में डालना टिक—20, और घुटनों से निकालते रहना साल भर की मैल। सिर्फ, उसके बोलने की राह देखते रहना। सोचते रहना, वह क्या सोचती है, जब सीलिंगफैन बन्द हो जाता है, पसीने में देह उबलने लगती है, टेबुल पर रक्खी हर चीज डरी हुई, यहाँ-वहाँ भागती है, अँधेरे कोने में, ड्राइंग-रूम में, बेडौल इमारत की टूटी हुई दीवारों में !

सू र्य प्र का श

तुमसे अपेक्षित है संयम, तुमने कहा था। किन्तु एक साथ सारे नियम नियन्त्रण खण्डित कर लेने की नितान्त कमनीय इच्छा क्यों तुमसे उपेक्षित है, तुमने नहीं कहा है। कब तक कहोगे ? या, कपूर-गन्ध बन उमस-भरी हवा में बहते रहोगे ?

मिस्टर चान्दीरमानी के यहाँ हर सुबह

बहस शुरू हुई। पुरानी नदी के किनारे घास की झाड़ियाँ झिलमिलायीं। चन्द लड़कियाँ धुली शलवार पहनकर लाइम-जूस बनाने लगीं। मुहावरे दुहराये गये, मुहावरे जुमलों में सजाये गये। नाक में लहू उतर आया। एक चिड़िया उड़ी। दूसरी उसी डाल पर जमी बैठी रही। किरनें आदमी के दिमाग को कुरेदती हुईं वापस जाने लगीं। बहस खत्म हुई। आदमी टाई बाँधकर दफ्तर चले गये। लड़कियाँ लाइम-जूस पीती रहीं शाम तक।

वीरेश्वर बनर्जी

कागज की फर्श पर लकीरों के स्केट पहनता है। तिकोने चेहरे वाली कस्साब औरतें उतारती हुईं बकरियों की खाल। एक अधूरी बालकनी, -समुद्र के तट पर एक मकान। ज्ञानोदय के कवर पर खिलती हैं गुलमुहर से ज्यादा, कँटीली झाड़ियाँ। सड़कें चौराहों पर तलवारें खींचती हैं। सपाट चेहरे वाले आदमी। सादे चेकबुकों के अम्बार। कागज की फर्श पर फुल-झड़ियाँ, चौकोर बादल, और टूटे हुए पुल पर कब से रुकी हुई ट्रेन। उसने यों ही हँसते हुए कहा,—चलो, यह ट्रेन लूट लिया जाए।

मादाम 'नू'

यह दीवार पुराने अखबारों को दुहराती है। (एक मन्दोदरी होती थी कभी, एक द्रौपदी का चीर-हरण होता था) ड्राइंग-रूम को बेहद छोटा करती हुई मादाम 'नू' की बड़ी-सी आयल-तस्वीर। एक पीला कीड़ा रेंगता हुआ—सिले हुए होंठों पर, चुनी हुई भूरी बरौनियों पर। पुराने समाचारों के घायल पंछी पंख फड़फड़ाते हैं। मादाम की तनी हुई गरदन, जख्मी चेहरे, और अधखुले गोलाम्बर, स्तनों पर फरवरी की धूप के रौशन धब्बे। चौड़े कन्धों पर अब भी रुकी हुई एक खूबसूरत धरती लहूलुहान। लेकिन, दीवार को खबरों से नहीं सिर्फ, आयल-तस्वीर से मतलब होता है।

इ न्टे ले क्चु अ ल

खाने की मेज पर दोनों पाँव डालकर बैठे हुए शुतुर्मुर्ग ने पूछा,—इस गर्मी में आखिर तुम हफ्तेवार शेव क्यों नहीं करती हो? क्या हिन्दुस्तानी ब्लेड के खुरदरेपन से डरती हो? लम्बे नाखूनों वाली बिल्ली ने एप्रिल की दोपहरी का पसीना चाटते हुए कहा,—मेरे इन्टेलेक्चुअल दोस्त मुझे मानते हैं। इस जंगल में रहना जानते हैं!

मेरे पिता का परिवार

धुएँ से बनता है घर-बार। आटे के सिपाही सजाते हैं दरवाजों पर धूप के बन्दनवार। गन्ध से कई स्त्रियों के नाक परीशान रहते हैं। पत्थर चूसने वाले ओठ दरवाजों की फाँक में फँसे हुए। बन्द आलमीरों में कालिदास-शेक्सपियर। अल-कतरा, सिमेन्ट, फर्श पर सोये हुए बच्चे, और बरामदे पर छोटा-सा पूजा-घर। धीर हर रात तीन बजे लौटता है। सुधीर हर सुबह चीखता है सौ झूठ। साबुन की झाग में सभी के हाथ-पाँव कैद। यह कम बात नहीं, कि आवाजें दीवारों के पार नहीं जा पाती हैं।

सुबह का अखबार

मरे हुए उसी साँप की तरह नया दिन, अपना केंचुल छोड़ता है हवा में, मरे हुए उसी पुराने दिन की तरह चुप, और डरा हुआ कहीं चल देता है, अजनबी बनकर वहीं लौट आने के लिए, नया दिन मरे हुए उसी साँप की तरह चुप, और डरा हुआ, अपने जिये जाने के बारे में अफवाहें बाँटता रहता है।

भूख : नींद : घड़ी

एक चीज हो गयी है अब भूख से भी बड़ी—भूख का नहीं होना। एक बात अब होने लगी है घड़ी-बेघड़ी—भूख नहीं हो, तो नींद का नहीं होना।

सिरोसिसियन

गणिकाओं के लिए मदिराएँ। मदिराओं के लिए गणिकाएँ। इन दो स्वाधीन विवशताओं के लिए एक ही सामन्ती दुराग्रह। त्रिवेणी (मेरी माँ का यही था नाम) के अतिरिक्त मैंने कोई इच्छा नहीं की। कविता, शेयर बाजार, या डलहौजी-तालाब के किनारे ब्रोंज-स्मारक, मैंने माँगा नहीं मरुभूमि में मरण ! किन्तु, साध्वी सती बन बैठी कोई एक गणिका। किसी एक रक्तमदिरा ने सौंप दिया मुझको सिरोसिस। दुराग्रह - श्वान किसी इम्पाला-60 के नीचे आकर फुटपाथ पर दम तोड़ने लगा। रामलीला देखकर वापस लौटा हुआ अबोध बालक अब तक अपना घर ढूँढ़ रहा है। मैं उसका पिता हूँ।

इस मौसम में

नफरत कोई भली बात नहीं। बाँहों में तेरह खरोंच कर चुकी है कुल तीन इंच लम्बी छुरी। अख्तरी बाई की ठुमरी घना कोहरा बनकर इस कमरे को बाँहों में दबाये हुए, गुदगुदाती हुई। ओढ़नी पर सितारे सलमा-सितारे ! ताश के नीले बिस्तरे पर सोयी हुई आकाश-परी। बाँहों में तेरह खरोंच कर चुकी है कुल तीन इंच लम्बी छुरी। अख्तरी बाई की ठुमरी। इस मौसम में नफरत कोई भली बात नहीं।

'देया-नेया'

चौराहों की भीड़ में खड़े लोग मुझे क्या देते हैं, क्रोध या अपनापन मेरे लिए मतलब नहीं रखता। कुछ लिये बिना जी लेने की आदत है। भीड़ से अलग, अपने अकेलेपन में पड़े हुए लोगों को मैं क्या देता हूँ, प्यार या बेगानापन—सिर्फ इतना ही दर्द पी लेने की फ़ुरसत है। (जनवरी 3,1964 की डायरी की ये लाइनें बंगला-फिल्में 'देया-नेया' की तनूजा की दी गयीं।)

सब लोग जिस तरह

मरे हुए अजगर के किस्से गढ़ते रहते हैं, तुम नहीं कहो। सब लोग जिस तरह अन्ध-विवर के लगातार भय, और हवा में उड़ते केंचुल के कल्पित दंश सहा करते हैं, तुम नहीं सहो। लेकिन इतने दिन बीते, अब तय कैसे कर डालूँ, कि ग्लोब पर टखने मोड़, सिर चिपकाये हुए, भूख के पागलपन में जर्जर बाँहें फैलाये लेटी हुई एक—आदिम सच्चाई (जो तुम हो), तुम नहीं रहो ?

ह म लो ग

भीड़ ने दिया (क्योंकि हम फ़ुटपाथ पर सोये थे), हमने लेकिन, लिया नहीं। भीड़ ने दिया (क्योंकि हम तुम्हारी नींद पर रोये थे), हमने लेकिन, भीड़ को रोड़ा-पत्थर दिया नहीं।

अमृता ! अमृता ! अमृता !

समर्पित होने की इच्छा, और ग्रहण करने की अभिलाषा—दोनों ही दिये उसने एक साथ। किन्तु, अज्ञान मेरा धर्म, आरण्यक मेरा संपूर्ण इतिहास। वन-वीभत्स निस्तब्धता हीं मेरी आत्मा। मेरा अमंगल यही, कि वह नितान्त अमृत थी और, मैं एक ही स्थिति की शाश्वतता में चित्र-लिखित, बन्दी नहीं होता था। व्यर्थ था वह समर्पण या स्वीकरण, वह छली गयी। ज्ञान-अनुभव की मांसल भुजाओं का प्रणय-बन्ध टूट गया अनायास।

चाय सुबह की

चाय तैयार है, आओ पिएँ। धुली फर्श पर दूध के धब्बे। भींगे कपड़े आँगन में धूप की दीवार काटते हुए। साबूत ग्लास नहीं शीशे का। रेडियो हरदम बजता है। खाली है सुराही। बरसों से चुप है, कोने में पड़ा राजशाही सितार। आओ, सितार बनकर जिएँ।

'घूमेर घरे'

एक रात में क्यों सौ बार अलार्म-घड़ी या साइरन ?) बज कर चुप हो जाती है ? नींद के घर में किसी की मौत पर मातम नहीं करते हैं। सिर्फ, हमारी साँसों की तेज धड़धड़ाहटों में कल कारखाने चलते रहते हैं रात भर।

कंकावती-3

वह शीशे के आदमी से डरती है। गरदन नहीं है। कलाई में बँधी हैं। आँखें। जाँघों के बीच उग आयी है नागफनी की झाड़। शीशे लगातार हँसते हैं, वह लगातार मरती है।

सत्यव्रत ने बेमतलब जीना पसन्द नहीं किया

एक सीधी लकीर पर रक्खी हुई नींद में खामोश दो स्याह आँखें बन्द। मौत तुम्हारे लिए तस्वीरों वाली किताब की तरह, जो तुमने बचपन में किसी से बिना पूछे, पढ़ ली। किताब की तरह बनारस की वे पथरीली गलियाँ, उन काली सीढ़ियों का कोरस, थमी-थिराई हुई वह नदी, वह धूप—जिसमें खुलकर हर चीज जगमगाने लगती थी। नहाकर लोग अधनंगे हो जाते थे। उस बीमार शहर में सड़ हुए गोश्त वाली औरतें। नागरी प्रचारणी सभा। किसी एक बन्द कोने में कैद त्रिलोचन। किसी एक बन्द तिकोने में सोये हुए किशन महाराज। एक सीधी लकीर को टुकड़े-टुकड़े काटकर तुम किताब की तस्वीरों में खो गये।

समाज-शास्त्र

पचास नम्बर की तीसरी बोतल ने सिजदा करते हुए कहा,—चलो, डाक्टर एन० से समाजशास्त्र पढ़ने चलते हैं।

चाय के प्याले में

दुख करने का असली कारण है : पैसा—पहले से कम चीजें खरीदता है। कश्मीरी सेव दिल के मरीज को चाहिए तो क्या हुआ ? परिश्रम अब पहले से कम पैसे खरीदता है। हम सबके लिए काम इतना ही बचा है कि सुबह वक्त पर शेव कर सकें। शाम को घर में चाय, और पड़ोसिनों के बारे में घरेलू कहानियाँ। हजार छोटे दंगे-फसाद होते हैं, इतिहास और आर्थिक सभ्यता को उजागर करने के लिए—एक बड़ी लड़ाई नहीं होतीं। आदमी केले खरीदने में व्यस्त रहता है, (और) बीते हुए, और नहीं बीते हुए के बीच कड़ी बन कर एक छोटी-सी मक्खी पड़ी रहती है, चाय के अधखाली प्याले में !

पार्क में सूरजमुखी

मेहराबदार फाटक पर मूँगफली खरीदते हुए किरानियों की आँखें। तीन बूढ़े फकीर लार्ड हार्डिंज की मूरत के नीचे बैठे हैं, सबकी चिमनियों में धुआँ। अरसे से बेनहायी हुई घरेलू औरतें घास पर टहलती हैं। खाली पैराम्बुलेटर लिये हुए घूम रही है एक मद्रासी आया, उसकी आँखों में भय। गर्म हवा में हाथ हिलाता हुआ वक्त रुकी हुई टैक्सी में घुस जाता है। और, कहीं कुछ नहीं होता, सिर्फ एक चार साल की लड़की तालाब में उगते सूरज की तरह मुस्कुराती है।

मैला आँचल

मैं नाराज नहीं हुआ। कल शाम मादाम एक्स ने (हिन्दी सीखने के लिए) मैला आँचल खरीदा है।

मिश्रण

बेमौसम जब कभी नशा टूटता है, देखनी पड़ती हैं पसीने में लथपथ, अपनी ही देह में नीली चिनगारियाँ। स्याह दरारों में टूट जाना चाहता हूँ। दीवारों की नियॉन-रोशनी जलाती है। बीते हुए अफलातून किस्सों में छूट जाना चाहता हूँ। बैरे अपने गाहकों को थकी आँखों से छूते रहते हैं। टेबुल के दरबे में घुसी हुई चिड़िया फफोलों का मरसिया गाती है। जूक बॉक्स दहशत में डूबा हुआ। सोचता हूँ, आदमी अब कहाँ जाए ? अपने चेहरे की सफेद नकाब से ऊबा हुआ। क्यों नहीं, इसी अजायब घर में उम्र भर रहा जाए ?

मीनू का रूठना

छोटी-छोटी दो बाँहें आलमीरे के ऊपर नहीं पहुँच पाती है। ऊन के भूरे गोले जैसी, वह बिल्ली नीचे आना नहीं चाहती। शशी मुस्कुराती है। मीनू कहती है—ना, आमि खाबो ना। (मैं नहीं खाऊँगी) —भूरे ऊन के गोले जैसी वह बिल्ली।

रोमैंटिक

दफ्तरों-दूकानों में बिकते हुए सारे चेहरे खाली ताबूत हैं। सारे दरवाजे किसी न किसी कब्रगाह के दरवाजे। और, जिन्दगी की नन्हीं-सी गुड़िया फुटपाथ की भीड़ में पाँवों के तले।

कलकत्ते की आखिरी शाम

बालीगंज झील में रुके हुए जल की सतह पर बुनती हैं झुकी हुई डालें, नीले सायों का बेतरतीब जाल। बेचैन हाथों की सर्द उँगलियाँ अँधेरे में थरथराती हुई चुप हो जाती हैं। अन-दिखे सितार का एक तार भी नहीं सिहरता है। (शतरंज के खेल में खोयी हुई किश्ती ढूँढ़ता हुआ हर शाम यहाँ तक मैं बेकार चला आता था!)

टेराकोटा : इन्द्रानो रहमान

किसी के घर की छत। किसी की प्यास भरने के लिए सुराही। किसी की याद में मूरत बन गयी है जली हुई लाल मिट्टी। अब वह सूरज से नहीं डरती है।

एक बिल्ली अँधेरे में

अँधेरे में, (गर्म दूध पीती हुई) बिल्ली का चेहरा नहीं देख पाता हूँ, सिर्फ आँखें। हर रात इसी वक्त बिजली कट जाती है।

लाज-दरपन

पहने हुए सारे कपड़े हैंगर पर डालकर, तुम बन जाती हो वेदाग दरपन। उँगलियों से दबाकर स्विच, रोशनी बुझा देती हो। शायद, यह दो हजार वर्षों की लाचारी है। स्वाभाविक है, मेरा नंगापन हर वक्त है तुम्हारा भी नंगापन। किन्तु, लज्जा तुम्हारे दरपन की, केवल तुम्हारी है।

मान लिया गया

कि सफेद मसहरी में हमारे ही बच्चे अलग सोये हैं। मान लिया गया, कि बाजार में शान्ति है, और दफ्तर में शान्ति है, और सरकारी इलाकों में शान्ति है, और ऊपर भगवान पर, नीचे सरकार पर, पड़ोसियों पर, वकीलों पर हमें आस्था है। मान लिया गया, कि बिस्तरे के सिरहाने टूटे हुए शीशे वाले लालटेन की तरह हमारी ही बीबी टिमटिमाती हुई, टेढ़ी कनखियों से हमें देख रही है। तो,—यह भी मान लिया गया, कि नशा टूट जाते ही पुराने घोंसले की तलाश में, जहाँ हम मांस का टुकड़ा रख आये हैं, इस घर से चला जाना होगा।

सामन्ती

उजले पत्थरों का महल था काली नदी के उस पार। जलधार में टूटे हुए स्तूपों ने नहीं किया है अब तक मृत नर्त्तकी का शव स्वीकार।

हैंगओवर

मेरे सो जाने से पहले उसकी आँखें ग्लास की तरह। पानी की सतह पर तैरती हुई शीशे की रंगीन गोलियाँ धीरे-धीरे बड़ी होती हैं। मेरी नींद के बाद खिड़की के बाहर एक भूरी गिलहरी दरख्त के तने से झाँकती है। ग्लास टूटता नहीं। गिलहरी से थक कर, गोलियाँ छोटी होने लगती हैं।

समय-दास

(ललित, परमेश, अमर को)
जो लोग कानून (देह के) नहीं मानते—उन बच्चों की तरह, जो स्कूल जाते हुए, किसी बाग में रुक जाते हैं—खुश रहते हैं। भ्रम नहीं टूटता, देह झुकने की उम्र नहीं होती। वे क्रिकेट-खिलाड़ियों की तरह मुस्कुराते हैं। पसीने की धार कमीज के अन्दर ही अन्दर उतरती हुई—जैसे सूनी सीढ़ियों से कोई अल्हड़ लड़की—पाँवों में जंजीर बन जाती है। चेहरे की पर्तें नहीं धुलतीं। पुरानी सच्चाइयों की गाँठें नहीं खुलतीं। वे समय के देवता हैं, समय उनका देवता।

दाम्पत्य : शशि के साथ

हम जुड़वें बच्चे हैं। एक-दूसरे की नंगी पीठ पर फूल-पत्ते आँकते हैं। छतनार पेड़। घनी छाँव वाली सड़कें। बाजार। मछलियाँ। हम अपनी उम्र चौगुनी करके देखते हैं घड़ी में वक्त। देर हो जाती है। नाराज होकर बे-नहाये शहर जाना। अलग-अलग खड़े होकर शो-केसों में देखना। ऊपर नीला आस-मान, जिसमें हमारे लिए एक-एक सितारा, बादल के टुकड़े। हम अलग-अलग चुप रहते हैं। एक ही बिस्तरे में साँसें गर्म होती हैं, सुलगती हैं। राख बन जाने से पहले हम एक-दूसरे की नंगी पीठ पर फूल-पत्ते आँकने लगते हैं।

तीन क्वाँरे लड़के

तीन क्वाँरे लड़के कुल एक कमरे में रहते हैं। अरुण तकिये के नीचे रहता है हड्डी का एक लम्बा टुकड़ा [मेडिकल से लाया गया] और खर्राटे भरता है रात दिन। चन्द्रनाथ के हिस्से की दीवार पर एक उसकी अपनी तस्वीर, दूसरी उसकी छोटी बहन। दोनों तस्वीरें तीन-तीन दफा बीच गंगा में आत्म-हत्या कर चुकी हैं। मैं लार्ड बायरन की कविताओं के अनुवाद में लिपटा हुआ, सोचता हूँ, दोनों तस्वीरों के बीच अरुण की हड्डी का लम्बा टुकड़ा टाँग देना चाहिए चुपचाप।

रोजगार-बेरोजगार

दोपहर की छत से लटके हुए आदमी मुँह से धुआँ उगलते हैं । दोपहर की सड़क पर लदे हुए आदमी यह करतब सीखने के लिए हाथ मलते हैं ।

औरत : दुर्गापुर को

पीले ओठों में धँसते हुए दाँत । सामने झुके हुए स्तनों में काले नाखून । सूनी, उदास आँखों में खुली खिड़कियाँ—जिससे झाँकता है, यह पूरा कारखाना। मशीनें खामोश । मगर, चिमनियों से सुर्ख धुएँ के बादल उमड़ते हुए। मुझे अपनी आँखों पर विश्वास नहीं होता। वह औरत, जो पैदा करती है शान्ति और सन्तति—अपने-आपसे इतनी तटस्थ कैसे ?

समकालीन

मेरे दोस्त जिन औरतों की कहानियाँ लिखते हैं, वे बन्द कमरों में आत्महत्या कर लेती हैं। मेरे दोस्त जिन कमरों में आते-जाते हैं, उनमें दरवाजे नहीं होते । मेरे दोस्त रात भर अपने दोस्तों के दरवाजे खटखटाते हैं, और सुबह थककर कॉफी हाउस चले आते हैं, सुबह के अखबारों में कहानियाँ तलाशने के लिए ।

एक अजन्ता : सपने में

शायद यह आखिरी चीख है, जो इस सुरंग से निकली है। आखिरी जमीन के नीचे मकान और सड़कें बनाने वाले कारीगर मर चुके हैं। लेकिन, यह हुआ कैसे ? मुझे भय होता है, ऐसा हुआ तो यह पूरी दुनिया इसी अथाह सुरंग में धँस जाएगी। पहले कारीगर ऐसे नहीं होते थे। अपने हथौड़े उठाये हुए ऊपर चले आते थे राजसिंहासनों पर, महलों पर, मन्दिरों पर। अब सुरंग से कोई आवाज नहीं आती है। शोक के जल-प्लावन में डूब गयी हैं अन्धी दिशाएँ । राजनर्त्तकी को बुलाओ,—मैं चीखता हूँ। शायद, यह आखिरी चीख है, जो इस सुरंग से निकली है।

रोग-दग्ध

जीवित रह जाने की ग्लानि से अलग रह जाना चाहता हूँ मैं—दया किये जाने की ग्लानि से अलग। रोग-दग्ध मैं हूँ, तुम लोग नहीं। जिबह की गयी बकरियों का अपराध मुझ पर है। जाओ, खाली सिनेमा-घरों को बाँट आओ अपना नशा, अपनी नींद। मुझे अपने बूढ़े प्रेत के पास रह जाने दो। वह मेरे सामने दीवार पर खड़ा होता है। मैं उसके सामने फ़र्श पर कराहता रहता हूँ। वह रोता नहीं, सिर्फ सुनाता है नदी में डूबकर मरे हुए लोगों के किस्से। मैं थककर अपनी माँ की गोद में सो जाता हूँ हर रात।

मन संस्कारग्रस्त

बचपन में पढ़ायी गयीं पुस्तकें (लघु कौमुदी तक नहीं !) मेरी पथ-प्रदर्शक नहीं है। काली बिल्लियाँ रास्ते काटती हैं। भस्म से शालिग्राम बना लेते हैं अघोरपन्थी साधू। परायी जगहों में अपरिचित छायाएँ मुझे घूरने लगती हैं। डायन भगतिनें आकर मेरी नन्हीं-सी बहन को उठा ले जाती हैं। लगता है, वे सभी किसी रहस्यमय गुफा-वृक्ष से उतार लाते हैं, आँखों में पाण्डवों के शस्त्रास्त्र। मैं उनके दृष्टि-पथ की सीध में अब तक चलता चला जाता हूँ मन्त्रमुग्ध। बचपन में पढ़ायी गयीं पुस्तकें, और आठ भुजाओं वाली कालिका मेरी रक्षा करें।

उसने

उसने अपने अहं से कभी पूछा नहीं। क्या वह केवल इसीलिए रोगग्रस्त है, कि वह एक साथ तीन कारखानों और एक औरत को अपनी उम्र बाँटता रहा? कई वर्षों से पंजे मारता है उसके लहूलुहान कलेजे में, एक भूखा क्रोकोडाइल : शारीरिक सीमाओं के खिलाफ; सुबह उठकर किसी वकील या किसी दवाखाने को फोन करने की आदत के खिलाफ। उसने अपने अहं से कभी पूछा नहीं, इसीलिए अब वह भूखा क्रोकोडाइल उसके कलेजे से नीचे उतरकर उसकी नन्हीं-सी लड़की में समा गया है।

राम महाबली की एक कविता

यम अपनी बड़ी बहन से कहता है,—नहीं, अब और नहीं जंगल—कानून। हम गोश्त भूनकर खाएँ, कमर के गिर्द बाँधें पत्ते, गुफा के अन्दर रक्खें पत्थर के हथियार। यम अपनी बड़ी बहन से कहता है, मेरे बच्चे सिर्फ मेरे ही रक्त से उपजे हुए बच्चे हों! मैं नीले चेहरे वालों के कबीले से छीन लाऊँगा, शिकारी कुत्ते। छीन लाऊँगा ऐसे फल-वृक्ष, जो कभी सूखते नहीं, सड़ते नहीं। और, तुमसे भी चौड़ी जाँघों वाली एक औरत—जो मेरे साथ बर्फ काटती हुई, नीचे की तलहटियों में चली जाएगी। यम अपनी बड़ी बहन से कहता है, और बड़ी बहन की आदिम चीख से, दर्दीली कराह से पूरा जंगल हँसने लगता है। पिघलने लगती है पहाड़ियों की बर्फ। बड़ी बहन तलहटियों से उतरती हुई नदी बन जाती है।

नायिका-भेद…

अन्त में इसी नतीजे पर पहुँचना होता है कि तुम उसके साथ जाना चाहते थे, इसीलिए वह तुम्हारे पास से चली गयी। लेकिन, यह नतीजा किसी तरह कम खूबसूरत नहीं है कि तुम उसके साथ नहीं जाना चाहते थे, इसीलिए वह तुम्हारे पास ही रह गयी।

हमारे अनजाने में

चार खिड़कियों वाले एक घर में हम-लोग फर्श पर बैठते हैं। शाम के वक्त ज्यादातर कैरमबोर्ड। कभी-कभी अखबारी खबरों पर बातें। कभी चाय आती है। कभी दरवाजा बजाने वाले मना कर दिये जाते हैं। स्ट्राइकर सीधी तनी हुई लकीर पाउडर की पत्तों पर बनाती है। तेज पंखे में तेज घूमती हुई हवा में हम लोग रुकी हुई 'क्वीन' के गिरने का इन्तजार करते हैं। चाय के बादामी प्यालों में ट्रान्जिस्टर की हल्की, मौसमी धुनें घुलती हैं। नहीं, कहीं बीमार नहीं है कोई भी अब। कोई नहीं चाहता है मर जाना। नहीं कोई थका हुआ। किसी से पराजित नहीं है कोई भी अब, खून में कोई दर्द नहीं है पका हुआ। शान्ति की एक उजली-सी किरनाई हुई नदी हमारे इर्द-गिर्द बहती है। हमें बाँधता हुआ अँधेरा हर लेती है। हमारे अनजाने में।

नवदंपति-कथा

पति जोड़ता है, घटाता है, हिसाब मिटाता है। पत्नी घटाती है, जोड़ती है, हिसाब लिखती चली जाती है।

स्टेप्टोमशीन

हर कुछ हँसी-मजाक। हर कुछ काली सच्चाई। दोनों पहलुओं पर तेज चलते हैं खरे और खोटे सिक्के। बुद्धि पर पर्त्त की पर्त्त वंचना। चेहरे पर मक्खनी नरमाई। वह समय बीत गया, जब एक बात केवल कोई एक बात होती थी। हम फारस की शहजादी से ब्याह करते थे, पा लेते थे आधा राज-पाट। हम शर्त्त हार जाते थे, काट देते थे अजगरी तहखाने में उम्र भर लम्बी अपनी आखिरी रात। अब कॉमेडी और ट्रेजेडी, दोनों घुल-मिलकर इस जंगल (या शहर?) के नीचे नॉनस्टॉप चलती हुई मशीन बन गयी है। शहजादी से तलाक कर डालो। तहखाने से बाहर निकल आओ। यह मशीन कहती है: स्टेप्टोमशीन अब पहले से सस्ती मिलती है। [तुकबन्दी ही बन्दगी है] हर वीराने के बाद नयी बस्ती मिलती है।

हाथ

(अमृता शेरगिल के लिए)

वक्त के ताबूत में सिमट नहीं पाते हैं गर्म उसके सफेद हाथ। लाल फूलों से ढंका पड़ा रहता है सिकुड़ा हुआ उसका पूरा जिस्म एक अँधेरे कोने में। खासकर बुझी हुई आँखों के पीले तालाब। खासकर टूटे हुए स्तनों के नीले स्तूप। लेकिन, सफेद उसके गर्म हाथ ताबूत से बाहर थरथराते रहते हैं।

रुकी हुई जिन्दगी : सुबह

मुझे पसन्द था तुम्हारा मेरे साथ कहीं चल देना। बन्द दीवारों में हम जड़े नहीं रहें, तुम्हें पसन्द था। दम तोड़ रहे थे लैम्प-पोस्ट की छाँव में नींद के बीमार कुत्ते। लम्बे ब्रूमस्टिक लिये हुए, छोटी-छोटी औरतें घुलता हुआ कोहरा बुहारती थीं। ट्रे में रक्खी गयी प्याली जैसी पटना-लॉन की गोलाई। मैं इस बात पर मुस्कुराया, कि पैदल चलती हुई तुम कितनी भारी-भरकम लगती हो। अपना इतना-सा चेहरा तुमने तिरछा कर लिया, एक थरथराती हुई लकीर खिंची, और डूब गयी।

नायिका-वर्णन

नींद में जन्म, अन्धेपन से ब्याह, बरफ-घर की चौखट पर सम्भोग, तेल के कोल्हू कन्धों पर, कमर में बड़ी-बड़ी फुन्सियाँ, छाती से लगे दो अदद जख्मी बत्तख, नसों में खाकी वर्दियों के जुलूस, थर्मामीटर का पारा शीशा तोड़कर बहता हुआ, डायरी में अगले महीने का बजट, लिफाफों पर अजनबी पते, ऊपर कमरे में अपने मित्रों के साथ माँ ठहाके लगाती हुई, सुराही पर बर्थ-डे की अनपढ़ी किताब, रात के तीन बजे, ठंडे घुटनों के बीच जलती हुई कई मोमबत्तियाँ, वह बेडलैम्प के नंगे तार उँगलियों से खींच लेती है।

रात्रिदग्ध एकालाप

[1]

बारूद के कोहरे में डूब गये हैं पहाड़, नदी, मकान, शहर के शहर। बीवी से छिपाकर बैंक में पैसे डालने का मतलब नहीं रह गया है अब।

[2]

मुझे चुप रहकर इन्तजार करना चाहिए। मुझे इन्तजार करते हुए चुप रहना चाहिए। मुझे चुप रहते हुए, इन्तजार करते हुए, रहना चाहिए। (किसलिए ?)

[3]

तुम लोगों से छुटकारा नहीं चाहता हूँ। गुलामी में भी इतनी स्वाधीनता मैंने प्राप्त कर ली है, कि किसी को गुलाम कह सकता हूँ।

[4]

उसके लम्बे पत्र में ईमानदारी का सवाल हर तीसरे शब्द के बाद। हर तीसरे शब्द के बाद ईमानदारी का सवाल अठारह पुराणों में।

[5]

मैं टेबुल पर घूमते हुए ग्लोब में उस शहर को ढूंढ़ने लगा, जहाँ कोई पुरुष और कोई स्त्री एक-दूसरे पीठ से लगकर रोये नहीं हों।

[6]

मेरी कमीज के अन्दर अपना बायाँ हाथ डालकर, वह बूढ़ी औरत एक अरसे से अपनी लिपिस्टिक की खोयी हुई डिबिया तलाश रही है।

रतिनाथ की चाची

रतिनाथ की चाची को निपट नंगी देख लेना अच्छा नहीं हुआ। खजुराहो की मूर्तियाँ अधिक सुन्दर थीं, अपनी पथरीली बीभत्सता में।

नींद में मर जाना

1964 बीतने से पहले रेल-दुर्घटना में, उत्तम कुमार की फिल्म देखने वालों की भीड़ में, अपने गाँव की नदी में डूबकर मरना इससे अच्छा होगा, कि 1964 बीतने से पहले पड़ोस की औरतें मेरे सोये रहने के कमरे में ज़मा होकर मेरे प्रति सहानुभूति, मेरी पत्नी के प्रति ईर्ष्या करती हुई कहें—नींद में मर जाना पिछले जनम के पुन्न से होता है !

दोस्तों के बारे में

मेरे दोस्त सामाजिक उपयोगिता के सिद्धान्त को ठुकराते हैं। आरती साहा इंगलिश-चैनेल तैर गयी। रेसिंग-साइकिल पर शमशेर चला गया ग्यारह सौ मील। नागदत्त ने शतरंज के घोड़े को चक्षुश्रवा बनाने में बिता दिये सतरह साल। मेरे दोस्तों ने बनाना मंजूर नहीं किया बिड़ला-मन्दिर या जामिया-मिलिया। वे आम चुनाव में खड़े नहीं हुए। उन्होंने दार्शनिक विचारों की दूकान नहीं खोली। (मुझे अपने दोस्तों के भाग्य से ईर्ष्या होती है !)

घृणा के लिए

जिन्दगी के ज्यादातर साल इसी सोच में गये कि घृणा क्यों? एक-एक कर उन सबके जाने के बाद उँगलियों में, मसूढ़ों में, गले में नीचे-नीचे पकती हुई वह गन्ध! लगता है, घृणा सिर्फ एक जहरीली दवा है, पसीने पर चिपके हुए जहर के घाव धोने की। अर्थात्, जब हाथों में भरी राइफल नहीं होती, तभी प्यार की ख्वाहिश होती है।

नयी पीढ़ी

नयी पीढ़ी के लिए अनिवार्य वस्तुओं की पूरी एक लिस्ट है जैनेन्द्र जी के पास : लाइफबाय साबुन, लम्बे कटे लेटर-पैड, नाखून काटने के लिए चाकू, पड़ोस में बचपन रोकती हुई बंगाली लड़की, इतालवी फिल्में (खासकर 'ला-दोल्स-विता'), चारमीनार सिगरेट, रूसी किताबें, और देसी बोतलें। जहाँ तक है मेरा प्रश्न : मुझे इतनी बड़ी इस दुनियाँ में सिर्फ बंगाली लड़कियों और रूसी किताबों से परहेज है। (डायरी : मई 24, 1964)

गतिरोध

मैं कई बार सोचने लगता हूँ कि जंगल जहाँ खत्म होता है, डेमोक्रेसी वहीं से शुरू होती है,—हम लोग समाप्ति और आरम्भ की सीमा पर 1939 से खड़े हैं चुपचाप।

नागरिक-शिष्टाचार

अपनी प्रेमिका के साथ फिल्म-शो मत जाओ : कठिन होगा सह लेना फैला हुआ निर्जन एकान्त, जब पर्दे की तस्वीरों के प्रतिबिम्ब तैरते हों चारों ओर। उधार मत दो पड़ोसी घर की नयी मालकिन को। अपनी क्रॉकरी : उसका दिल टूट जाएगा, या तुम्हारे घर की शान्ति, और टूटने के बाद चीजें वापस नहीं की जाती हैं। देर से जाया करो दफ्तर : जल्दी से वापस आ जाने की सुविधा तभी मिला करती है हर दिन। रविवार को बस में बे-टिकट सफर किया करो : आधुनिकता की शुरूआत समझदार लोग यहीं से करते हैं। और पत्नी को अपने साथ कहीं मत ले जाओ : पत्नी को अपने साथ वापस लाने की मुसीबत से बचे रह जाओगे।

कर्ण महारथो

इस सागरमुखी पर तुम अकेले हो ! ईश्वर नहीं है। सदियों पहले कुन्ती तुम्हें कर चुकी है जल-प्रवाह। केवल, तुम्हारी चट्टान से टकराती रहती हैं किरनें सूरज की।

'ते रि वे लि ता'

हम उसके खाली कमरे में घुस जाते हैं जब-तब। तोड़ डालते हैं कच्ची मिट्टी के फूल-दान। उसकी अनपढ़ी किताबें चुरा लेते हैं। और, हँसती हुई वह बेशर्म हमें परियों की कहानियाँ सुनाये जाती है।

पब्लिसिटी

बन्द डिब्बे से चीखती हुई आवाजों ने एक लम्बी-चौड़ी औरत और उसकी गोद के नन्हें-से बच्चे को बेहोश कर रक्खा है।

गार्डेन-पार्टी

सुन्दरता के बेतरतीब जाल बुने गये हैं दरख्तों पर सतरंगे बल्ब। रोशनी का खरगोश डरा हुआ, भागता है यहाँ-वहाँ। अँधेरे में। टेबुलों के नीचे, ग्लासों के पीछे साँप मिलते हैं। जुड़े हुए सपने अलग हो जाते हैं। दूर-दूर खड़े बैरे सफेद वर्दी में बनाते हैं कब्र-गाह। और, हम सभी किसी अनकहे मजाक पर हँस पड़ते हैं।

क्रम

देह का ताप मर जाए, तो धर्म आएगा। आएगा वैराग्य। आ ही जाएगी शांति अखण्डित। देह का ताप मर जाए, तो मैं मर जाऊँगा।

ऑडिट-रिपोर्ट

सात हजार बरसों में एक आदमी ने बनाये हैं साढ़े तीन सौ करोड़ परिवार। परिवारों की रक्षा के लिए मकान। मकानों की रक्षा के लिए दीवारें। सात हजार बरसों में एक आदमी ने बनायी हैं साढ़े तीन सौ करोड़ दीवारें।

बुखार में घर लौट कर

रात की बीमार बीबी अँधेरे में खाँसती है। हमारे अन्धे बच्चे और बेहद पालतू कुत्ते प्यार में नहीं, नींद में यकीन करें।

कंकावती-4

प्याला भर अनाज, कीचड़ वाली गली में आते-जाते हुए भिखारियों के लिए। बरामदे में सोये हुए पिता के लिए हर शाम एक नया रुपया और तिरानबे नये पैसे। कच्चे इंटों की सीढ़ियाँ चढ़कर ऊपर आते हुए दोस्तों के लिए एक-एक कप चाय, चीनी कम, कभी-कभी दूध नहीं। और, मौसम के लिए तहजीब; नौकरी, फैशन और सिर सलामत रखने के लिए शान्तिनिकेतनी बैग में चन्द गोलियाँ, सारीडन की, कॉन्ट्रासेप्टिव्स की—जहर की नहीं। इसके साथ ही एक छोटी बहन भी है (होटल में खाती है, और बाथरूम में गाती है), जिसके लिए फिल्मों-थियेटरों के फ्री-पास, और जब तब कोई दोस्त साथ आने-जाने के लिए। पिता के लिए छोटी बहन, बहनों के लिए दोस्त, दोस्तों के लिए एक रुपया और तिरानबे पैसे, पैसों के लिए शान्तिनिकेतनी बैग। एक रिक्शा है, अपने चेन की ताकत से चलता रहता है विश्वविद्यालय से सचिवालय तक। दिन-रात एक औरत रिक्शे पर सोयी पड़ी रहती है दूसरों के लिए। अपने लिए? अपने लिए एक बदतमीज लड़का, जो दूसरे शहर में रहता है।

आइसक्रीम

तुम किसे बताओगे कि राइफल-धारी सैनिक या अराजपत्रित कर्मचारी, तुम बनाये नहीं जा सकते ? देशभक्ति का साहस या नैतिक शक्ति तुममें नहीं है। तुम किसे बताओगे ? हमें यह जानना चाहिए, लेकिन हमें वायु-ताप-नियन्त्रित आइस-बॉक्स से जयपुर-भुवनेश्वर-बम्बई में समाजवादी समाजतन्त्रित, संसदीय, जनतान्त्रिक, लोक-हितकारी, सर्वोदयी समाजवाद के आइस-क्रीम निकालकर बेचते रहने से फ़ुरसत नहीं है। तुम किसे बताओगे, कि तुम आत्महत्या करना चाहते हो ?

कवि-कर्म

वेश्याओं के ऊँचे पलंग हैं, या जली हुई लकड़ियाँ। कहीं जगह खाली नहीं है गज-भर, जहाँ बैठकर लिखी जा सके गीता, या गीतांज़लि। ऊँचे पलंग हैं, या रसोईघर की जली हुई लकड़ियाँ हैं।

कंकावती के प्रथम संस्करण की कुल 50 (पचास) प्रतियाँ मुद्रित-प्रकाशित हुईं। प्रत्येक पर राजकमल चौधरी के हस्ताक्षर हैं।

●●